SOUVENIR

DE

MARIE-EUGÉNIE-ERNESTINE HÜTER,

née

A BISCHWILLER, LE 16 MARS 1839,

morte

A PHALSBOURG, LE 26 JANVIER 1844.

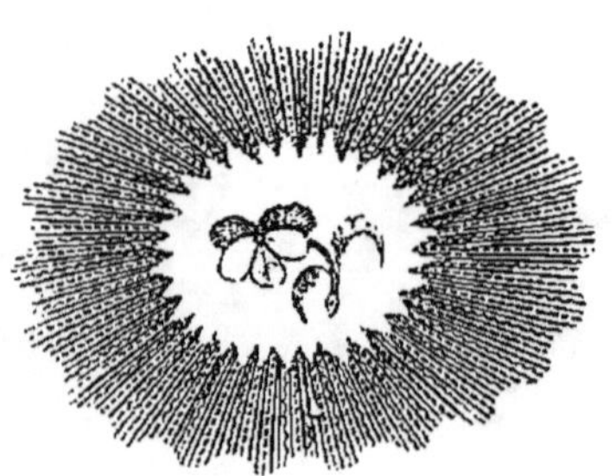

STRASBOURG,

IMPRIMERIE DE G. L. SCHULER, 5, RUE DES ARCADES.

1844.

DISCOURS

PRONONCÉ AU TEMPLE DE PHALSBOURG,

PAR

J. D. RHEIN,

PASTEUR DE SARREBOURG.

Notre vie est un instant,
Et notre mort est certaine,
Chaque jour, chaque moment,
Vers le tombeau nous entraîne :
Oh, mortel, songe à ta fin !
Es-tu sûr du lendemain ?

Telles sont, parents affligés, les pensées qui se présentaient à votre esprit dans toute leur affreuse réalité, lorsque, il y a peu de mois, la mort inexorable enlevait, de la manière la plus inattendue, ce jeune membre de votre famille, qui, lui aussi, faisait votre joie. Telles sont les pensées qui naguères vous occupaient, à l'approche de ce moment terrible, où l'existence d'une nouvelle créature immortelle s'achète souvent aux dépens de celle qui l'a portée dans son sein ; dans les transports de votre joie, vous rendiez grâce à Dieu de cette nouvelle marque de sa bonté, qui vous protégeait si visiblement, vous et les vôtres — mais aujourd'hui déjà vos regards s'arrêtent pour la dernière fois sur le corps inanimé d'un de ces esprits immortels que l'Eternel vous avait confiés, et que dans sa sagesse incompréhensible il a jugé bon de rappeler à lui.

Il est des douleurs qu'il est difficile d'exprimer. Telle est celle qui nous appelle en cette enceinte pour rendre les derniers devoirs à une enfant, qui, née dans les souffrances, mais conservée par la protection divine, grandissant en âge et en esprit, autorisant aux plus belles espérances par les qualités de son cœur et de son intelligence, vient de faire, en quittant cette terre, une plaie profonde au cœur d'un tendre père, d'une mère qui aurait voulu racheter son enfant au prix de ses jours. L'aspect de ce cercueil, qui renferme la dépouille mortelle de cette enfant, nous remplit tous d'une profonde tristesse; car, non seulement il nous donne une nouvelle preuve de notre fragilité, nous apprend de nouveau que ni la jeunesse, ni la vigueur ne peuvent nous garantir contre la mort, mais il nous montre encore que des liens de tendresse et d'affection ont été cruellement brisés, et c'est sous ce dernier rapport surtout que la mort est terrible, qu'elle porte dans la vie le ravage et la désolation. Pour quiconque a, comme vous, chers parents, ressenti ce qu'il y a de sacré dans ces liens qui unissent les enfants aux auteurs de leurs jours; pour quiconque ne trouve, comme vous, son bonheur que dans l'accomplissement des devoirs que leur imposent ces êtres destinés à les remplacer un jour sur la scène du monde, la perte d'une *telle* fille est bien douloureuse. Que sont devenues les espérances que vous conçûtes à sa naissance; pleins de joie de ses progrès physiques et intellectuels vous aviez déjà oublié les inquiétudes que vous avait causées sa première enfance, les nuits passées dans l'insomnie; vous la voyiez répondre à vos vœux, vous soulager et vous soigner dans les jours de l'infirmité et de la vieillesse, lorsque vos yeux se fermeront à la lumière terrestre. Oh, vos rêves de bonheur ont été cruellement déçus! puisqu'aujourd'hui vous êtes réduits à renoncer à ce qui faisait votre joie, votre orgueil; que de cette enfant, qui promettait une carrière longue et laborieuse, il ne vous est plus donné que de saluer les traits chéris et défigurés par la mort, que vous n'entendrez plus ce langage de l'innocence, cette candeur qui vous charmait tant.

Oh! votre douleur est grande; je comprends les angoisses que vous deviez éprouver, lorsque vous vous penchiez sur votre enfant pour surveiller les progrès d'un mal inaccessible à la science humaine, et d'autant plus cruel, qu'à chaque instant l'espoir de la guérison et la crainte de la mort ne font qu'alterner et se succéder. Je comprends ce que vous deviez ressentir à la vue de cette agonie longue, et de vos efforts impuissants de retenir ce souffle de vie qui se cachait si souvent, avant que de s'échapper et de retourner à son auteur; avec vous j'admire les décrets de la Providence divine qui enlève de ce monde l'enfant chéri, auquel l'avenir souriait sous l'aspect le plus agréable, tandis que le vieillard, courbé sous le poids des années et des calamités, implore en vain la mort comme un bienfait, comme le terme de ses maux.

Et je me félicite d'avoir été appelé à cette cérémonie funèbre moins pour consoler, que pour me pénétrer de nouveau avec vous tous du sentiment de notre faiblesse, de notre néant, en même temps que nous pouvons nous réjouir de notre grandeur et de notre immortalité; car, ministre d'une religion sainte et consolante, vous ne méconnaissez pas, cher ami, les vues de la sagesse divine, qui gouverne ce vaste univers; vous les avez examinées et pesées consciencieusement — pour le salut de votre âme, ainsi que de ceux que vous êtes appelé à instruire et à exhorter. Prêchant vous-même l'Evangile à ceux qui sont fatigués et chargés, sachant vous-même si bien détruire le doute des affligés, engager ces derniers à mettre leur confiance en celui qui abat et qui relève, qui dispose à son gré de la vie et de la mort, qui compte les cheveux de notre tête, et sans la volonté duquel aucun passereau ne tombe à terre, vous ne murmurerez pas contre l'Eternel, qui vient de vous ravir ce que vous aviez de plus cher au monde; vous vous soumettrez à ses décrets, même sans les comprendre et sans prononcer ce fatal pourquoi; vous croyez en Christ qui nous apprend qu'après la destruction de ce corps corruptible, nous entrerons dans une nouvelle demeure qui n'est pas faite de mains d'homme et qui durera éternellement, nous entrerons dans un nouvel ordre de choses, où les énigmes de ce monde seront résolues, les torts apparents de cette terre redressés, où le silence de la tombe recevra son explication, où tous ceux qui se sont aimés ici-bas se reverront pour ne plus se séparer et se réjouir éternellement en présence de leur Dieu et de son fils, leur Rédempteur, qui dans son amour inépuisable, descendit du ciel pour apprendre aux hommes à vivre contents, à mourir en paix et à ne placer leurs espérances qu'en lui.

Heureux celui pour qui la tombe n'est ainsi qu'un

passage, la mort qu'une résurrection pour une vie nouvelle plus heureuse; chacun de ceux qui lui étaient chers et qu'il voit descendre dans la fosse entr'ouverte, est un lien de plus qui l'unit au ciel; calme et tranquille, il attend le moment où ses yeux se voileront, où son cœur cessera de battre, où les tribulations cèderont la place à un bonheur, dont nous sentons vivement le besoin, mais que la terre est trop pauvre pour nous l'accorder.

Plaindrez-vous encore, parents attristés, le sort de celle qui n'est plus? N'ayant vu que le matin de sa vie, elle est morte innocente et pure, comme le lys que coupe la faux du moissonneur; elle n'a jamais connu ni les soucis ni les remords; et qui sait quels tourments affreux, sans cette dispensation divine, lui seraient peut-être tombés en partage, tandis que maintenant, délivrée des entraves du corps, à l'abri de toutes ces tribulations, de tous ces dégoûts, de toutes les adversités qui nous attendent encore, elle jouit d'une félicité proportionnée au développement que ses facultés ont pu prendre ici-bas, qu'elle continue à marcher dans la voie du perfectionnement, que maintenant déjà elle dédaigne les joies les plus pures de ce monde, en présence de la lumière céleste qui l'entoure. Du haut de son séjour elle vous contemple, implore sur vous la bénédiction de l'Eternel, et vous crie : Ne pleurez pas; vous avez maintenant de la tristesse; mais je vous reverrai, et personne ne vous ravira votre joie.

Sans doute, le souvenir de votre chère Ernestine vous arrachera encore plus d'une fois des larmes amères, car l'amour est impérissable, il est éternel, comme Dieu qui en est la source; mais, rassurés par ces convictions, vous ne vous laisserez pas abattre par la douleur d'une séparation momentanée; vous y puiserez une nouvelle force, afin de concentrer vos affections et vos tendresses sur ces autres enfants, que Dieu aurait pu vous ravir à la fois et que pourtant dans sa bonté il vous a laissés; vous redoublerez, s'il est possible, de zèle pour les élever pour le ciel, leur véritable patrie, et si plus tard le Dispensateur de toutes choses vous imposait de nouveaux sacrifices douloureux, ou que votre tâche vous deviendrait parfois pénible et difficile à remplir, vous éleveriez vos regards vers le ciel et vous diriez alors, comme aujourd'hui sur la tombe de votre fille chérie : Seigneur, que ta volonté soit faite et non la mienne, car tu nous as été une retraite d'âge en âge; avant que les montagnes fussent nées et que tu eusses formé la terre, d'éternité en éternité tu es et tu seras le Dieu fort.

Worte

am Grabe gesprochen

von

G. Ad. Hüter,

Pfarrer in Hellering.

Vorgebet.

Ich wünsche nichts als Ruh' im stillen Grabe,
Wo nichts mich stört;
Was ich noch sonst, als Kind, erbeten habe,
Ist schon erhört.
Für mich ist hier nun weiter kein Geschäfte:
Ein Engel winkt;
Ich fühle schon der künft'gen Welten Kräfte,
Weil nun mein Haupt in letzten Schlummer sinkt.

Noch sind sie nicht verblichen die Kränze, gewunden auf Alfred's theuerm Sarg, und schon sinkt wieder ein geliebtes Haupt aus unserer Familie in die Arme des unerbittlichen Todes. — So sind denn auch diese Freuden zernichtet, auch diese Hoffnungen zertrümmert und jener frohe selige Tag, wo wir die Vollendete zum Christen= thume weihten, zur düstern Nacht geworden. Erinnert Ihr Euch noch an jene holde Engelsgestalt in des so eben verlassenen Tempels Hallen, sie ist nicht mehr. Doch nein, sie ist gekommen aus großer Trübsal, angethan mit weißen Kleidern, wie der Seher sagt, in die ewigen Hallen des großen Vaterhauses, wo so viele Wohnungen sind, aus welchen, da es den verklärten Bewohnern des Himmels ohne Zweifel vergönnt ist, herab in unsere irdischen Kreise zu schauen, sie uns den Gruß der Ueberwindung zulächelt und zuzurufen scheint: „Mir ist wohl, unendlich wohl, weinet nicht um mich, ihr, die ihr mich geliebet.“

> Ausgekämpft sind meiner Prüfung Stunden,
> Leer der Kelch, den mir das Schicksal bot.
> Die Krankheit ist verschwunden,
> Der Schmerz hat aufgehört,
> Die Ruh' hab' ich gefunden
> Die nie kein Leid mehr stört.

Ja dein Schmerz hat aufgehört, du liebe vollendete Nichte, aber den deines Vaters und deiner Mutter, wer vermag ihn zu schildern?! Was du gelitten, so lange, so geduldig und gelassen gelitten, sie haben es doppelt gelitten und leiden es noch, und dein Schmerzensbild, schön im Leben und im Sterben, steht noch lange in ihrer betenden Seele, umringt von stillen Seufzern, verborgenen Thränen und geheimnißvollem Ach und Weh. O wie schwer ist die Last, die des Allmächtigen Hand uns oft auflegt. Warum so und nicht anders? Warum mußte uns dies geschehen? — Der liebe Heiland spricht zu Petrus: Was ich thue, das weißst du jetzt nicht, du wirst es aber hernach erfahren. Erfahren werdet auch Ihr es — früher oder später, warum Euch dieses Leid nicht ersparet werden konnte, warum der Herr, dessen Gedanken nicht unsre Gedanken, und dessen Wege nicht unsre Wege sind, es so über Euch verhieng; erfahren, daß er sein Antlitz nur ein klein wenig verborgen, aber mit ewiger Liebe sich Euerer erbarmen will, Er, der zu Euerm Kinde sprach: „Ich habe dich je und je geliebet, darum habe ich dich zu mir genommen aus lauter Liebe.‟

Weish. 4, 13. 14. „Sie ist bald vollkommen geworden, und hat viele Jahre erfüllt. Weil ihre Seele Gott wohl gefiel, darum eilet er mit ihr aus diesem bösen Leben.‟

> So sey denn Dem zurückgegeben,
> Der dich, du gutes Kind, uns gab,
> Dein Tod war Uebergang in's Leben,
> Und frühes Heil dein frühes Grab;
> Nach wenig kurzen Thränenstunden,
> Entfloh dein unbefleckter Geist,
> Von aller Sterblichkeit entbunden,
> Zu Dem, der Todte leben heißt.

Tiefgebeugter Vater, trostlose Mutter, wiederholt im Geiste des Gemüths am Todtenhügel Euerer, unserer heißgeliebten, frühvollendeten Ernestine, die Worte des vaterländischen Dichters:

> Blüh' mein Blümchen, nun der Engel Lust,
> Einst wird jener Garten uns vereinen,
> Dann erst hör' ich auf um dich zu weinen,
> Und du schmückst auf ewig meine Brust.

Amen.

Nachgebet.

Gott gab, Gott nahm; wollen Schmerz und Gram
Mit Gottes Liebe rechten? Ergebung ziemt uns Knechten.
Des Vaters Rath zu hindern, steht nie bei schwachen
Kindern.

Gott gab, Gott nahm; sein Engel kam
Und riß das Kind der Schmerzen, hinweg von Euern
Herzen,
Hat Besseres dort oben, beim Vater aufgehoben.

Gott gab, Gott nahm; manch Auge schwamm
In Thränen schon und Grämen bei solchem Wieder=
nehmen;
Im Lichte nun verkläret, es Gottes Rathschluß ehret.

Drum Sinn und Herz nur himmelwärts,
Zur Heimath dort im Frieden, ihr Trauernden hie=
nieden;
Von Gott kommt Lust und Weh',
Sein heil'ger Will' gescheh'!
Amen.

www.ingramcontent.com/pod-product-compliance
Lightning Source LLC
Chambersburg PA
CBHW060052090726
47597CB00012B/3664